Giuseppe Piccione

IL MIO DESIDERIO POETICO

◆

raccolta poetica

EDIZIONI WE

Opera di copertina:
"Il Dubbio"- olio su tela 80x90 dell'artista Carla Pugliano

Coordinamento: Simona Adivíncula
Revisione: Clara Viganò

ISBN 979-12-5497-197-0

Via Paulli 10/A – 26015 – Soresina (CR)

www.clickpertutti.com
www.edizioniwe.com
www.facebook.com/edizioniwe
www.instagram.com/edizioniwe
info@edizioniwe.com

CHE COS'È LA POESIA

L'uomo non ha mai cercato di "INVENTARE" una poesia, poiché essa nasce dal proprio animo.

Tutti noi avvertiamo la necessità di esprimere i nostri sentimenti e alcuni, per farlo, decidono di prendere un foglio e una penna in mano, di cominciare a scrivere parole, che a primo impatto sembrano non aver senso. In realtà, tali parole servono a far riflettere, a far pensare ed immaginare.

Possono essere tante o poche, ma tutte hanno lo stesso obiettivo, ovvero quello di "colpire" il lettore.

La poesia è una grazia, una possibilità di staccarsi per un po' dalla terra e sognare, volare, usare le parole come speranza, come occhi nuovi per reinventare quello che vediamo.

Ci aiuta a scavare a fondo nel nostro cuore e prova a lasciare un segno, che servirà per il resto della nostra vita.

La poesia può nascere da un semplice gesto, da un semplice evento e può trattare argomenti infiniti.

Le poesie infatti possono essere brevi o lunghe, ma spesso si pensa che quelle troppo corte non abbiano un significato pregnante.

Nonostante sia molto difficile, anche in soli due versi il poeta può riuscire a trasmettere delle emozioni.

PREFAZIONE

di Simona Adivíncula

(Scrittrice e co-fondatrice di Edizioni We)

Cari lettori, con grande piacere, vi presento questa silloge poetica intitolata ***IL MIO DESIDERIO POETICO.***

Il divino e l'arcano pervadono gli elaborati poetici del caro Giuseppe Piccione; talvolta questi elementi, si presentano in modo velato anche a lui stesso.

Per lo scrittore e poeta, la natura è maestra: gli animali insegnano regole di vita e il mondo stesso, col fluire degli avvenimenti, avvolge l'essere umano in tutte le fasi dell'esistenza.

Per il poeta i silenzi, i suoni e i rumori segnano l'alternarsi del tempo che trascorre col variare delle stagioni, mentre i colori arricchiscono con la loro armonia il senso degli eventi.

Gli scritti sono pervasi da una profonda carica umana, rivolta - sempre con toccanti espressioni - a chi soffre un ingiusto dolore e a coloro che con passione dedicano al prossimo la loro professionalità e il loro lavoro.

Un vasto campo dei suoi pensieri è occupato dall'amore per le varie sfaccettature: tanto sentito e festante!

Tale sentimento per Giuseppe Piccione è infinito, incalza ogni momento, investe ogni cosa ed ogni essere, concludendo che per tutti e per tutto è ragione di vita.

In un linguaggio limpido e coerente, l’opera dell'Autore in ogni contenuto rende testimonianza alla violenza patita dai giusti ed esprime un anelito costante alla pace, riconfermandosi come Poeta dall’intensa vita interiore, la cui poesia dev’essere colta nella sua essenzialità espressiva.

Ora vi lascio al libro.

Godetevi questi versi derivanti dal suo cuore e leggendoli vi accorgerete della ricchezza delle sue parole piene d'amore, di fede e di buoni stimoli che incitano gli uomini al vivere e al costruire.

Buona lettura a tutti!

Simona Adivíncula

RIFLESSIONE DELL’AUTORE

Quando l’anima vive nel puro mondo dell’essenza, sostanza della nostra coscienza, coglie la verità soggettiva dell'essere umano, dalla quale fioriscono l’indole, il carattere, la sensibilità e le emozioni nel suo momento migliore, appaga l’intelletto che desidera fortemente ascoltarla nei momenti di bisogno.

Senza seguirla, l'uomo oscura la verità e simula la virtù, perdendo la sua potenziale identità personale.

Ciò che non è legato alla realtà e che risulta quindi essere astratto, non credo che possa avere giustificazione nel mio pensiero.

Preferisco pensare al senso della vita come qualcosa, che mi spinge verso il ragionamento pratico, semplice ed attinente alla conoscenza. Questo pensiero mi rende libero nell'anima che considero un fuoco ardente, personale e soggettivo.

Solo colui che ha la capacità di valutare ed affrontare le situazioni della vita con determinazione e coraggio, potrà sperare di essere padrone del suo destino, perché nessun evento esterno potrà disorientare e strappare le viscere del suo essere, se pur irrazionale ed imperfetto.

Giuseppe Piccione

IL MIO DESIDERIO POETICO

◆

Alla mia cara Silvana

I TUOI OCCHI

Se il cielo fosse i tuoi occhi,
mi illuminerei di luce,

se la terra fosse la tua bocca ti bacerei e
dal mare la tua culla inventerei e,

come le sirene selvagge,
scivolerei,

sopraggiungendo sulle onde bianche leggere,
che la marina schiuma accarezza
ed il vento spande,

per altre aspre rive,
a ritrovar per sempre l'amore mio.

LA FELICITÀ

La vita spesso ti mette di fronte ad ostacoli
che non avevi né previsto né mai immaginato
che sarebbero potuti accadere a te.

Quella stessa vita ti vedrà ridere,
piangere, gioire e soffrire.
A volte ti lascerà sola,
ti farà cadere a pezzi e ti porterà via tutto,
anche quello che avevi amato e difeso,
per cui avevi combattuto.

Ti insegnerà una lezione,
ma non ti darà un voto.

La vita è un labirinto complicato
senza uscite di sicurezza.

È fatta di muri, di specchi,
di porte che non si vogliono aprire
ed io aspetto ancora di trovare la tua.

Ci sono porte che vanno chiuse
perché non si affacciano più da nessuna parte.

Vanno ringraziate
per quello che ci hanno permesso di vedere,
di scoprire su di noi e sugli altri,
ma poi tocca chiuderle.

Tenere aperte certe porte ci fa soltanto male.
Chiudi. Ci sarà dell'altro da aprire e da conoscere.
Finché guardi fisso nello stesso punto,
continui a perdere ciò che ti aspetta altrove.

TI VOGLIO BENE

È una frase molto bella.
È come dire: voglio che tu stia bene,
voglio vedere che stai bene tu,
sto bene anch'io, vorrei sognarti;

vorrei sentirti accanto a me
e sentire il profumo del tuo corpo;
vorrei mancarti;
vorrei sentire la tua voce;
vorrei donarti tutto il mio amore;

vorrei che tu sentissi la mia mancanza;
vorrei viaggiare con te
e volare tra le nuvole del cielo
e sentire una musica angelica
e stringerti a me
e non lasciarti mai più amore mio.

Dolce amore mio.

VORREI ESSERE UN PITTORE

Volevo essere un pittore,
fissare col pennello quello che vedevo.

Sulla tela un bel tramonto o villa peritato d'inverno,
ma tutto mi sembrava morto.

Giovane ero,
mentre passeggiavo nella Piazza Libertà
della cittadina di Appiano Gentile,
trovai la festa di carnevale,
con colombina e cenerentola,
due figure che la notte non mi facevano dormire.

Incontrai Silvana, giacca in pelle,
col cappello in testa,
un tipico personaggio comasco.

L'angoscia mi prese,
con la malattia d'amore
e dal dolore nacque la poesia.

Non è muta e se inciampo non si sciupa;
una volta scritta,
con cento parole d'amore,
può arrivare al cuore.

LA MAMMA

La mamma è la cosa più bella che c'è…
con lei litighi, ridi, scherzi…

con lei passi i momenti più belli e più brutti...
con lei piangi, sogni, credi...

e sai che lei è sempre al tuo fianco,
che è l’unica persona che,
nonostante tutto, non ti lascerà mai…

Cosa darei per poter dire “ciao mamma”,
come facevo una volta,
cosa darei per ascoltare la tua voce
e vedere il tuo sorriso.

Cosa darei per sedermi accanto a te
e chiacchierare un po’.
La vita ci ha separato,
ma tu rimani sempre nel mio cuore.

Auguri a tutte le mamme del mondo
e una rosa per tutte le mamme
che ci guardano dal Cielo.

IL SENSO DELLA VITA

La vita senza affetto, senza amore,
dà tristezza e dolore.

È come un giardino senza fiori,
è un cielo senza stelle, senza colori,
in cui il passato non può tornare ad illuminare
il presente o il futuro.

La vita senza la presenza
di una persona cara,
che ti dà affetto e amore,
è come non viverla
perché non ha valore.

L'amore è una cosa preziosa
e per averlo si combatte.

Questa vita,
una lotta infinita,
allora noi lottiamo
perché sempre ci amiamo!

AMARE

Voi vorreste essere amati
e siete infelici perché pensate di non esserlo
o di non esserlo abbastanza!

Ma dovete capire che questo atteggiamento
vi renderà ancora più infelici.

Come volete che si ami qualcuno
che se ne va in giro col volto scuro,
guardando gli altri con aria di rimprovero,
come se questi fossero colpevoli
della sua infelicità?

Ammettiamo che sia vero: nessuno vi ama.
D'accordo, è molto triste non essere amati,
ma più triste ancora è non poter amare.

Ditemi, cos'è che v'impedisce di amare?
Voi siete liberi,
ma non potete obbligare gli altri ad amare:
questo dipende da loro, non da voi;
amare invece, dipende da voi;
sforzatevi di fare voi il primo passo verso gli altri.

Non aspettate che siano gli altri ad iniziare,
perché voi ritenete di meritare il loro amore.
Amate, e sarete felici.

Sentiranno in voi quella felicità
che si manifesta attraverso una luce, un calore,
e vedrete che anche loro
incominceranno ad amarvi.

L’AMORE DESIDERATO

Tutti possono innamorarsi,
ma quanti sanno amare?
Perché amare è un atto di coraggio.

Significa prendersi cura dell’altro
e della sua felicità.

Significa accettare i momenti no,
significa litigare e poi far pace.

Amare significa non lasciarsi andare.

A volte la vita ti mette in ginocchio,
ti fa piangere
e pensi di non avere la forza di andare avanti,
ma ricorda che c'è qualcuno
che vive dei tuoi pensieri,
dei tuoi abbracci e dei tuoi sorrisi.

Alzati e lotta,
perché è vero la vita non è sempre felice,
ma è la cosa più preziosa che possiedi.

L’AMORE IN VARIE FORME

Non si ama un corpo,
non si ama un nome o una forma.

Queste sono solo noiose costrizioni;
si ama un profumo,
si ama il calore di un corpo,

si ama il tocco di una mano,
si ama uno sguardo, un sorriso.

In ognuno di noi
si può trovare qualcosa da amare.

E quando si ama qualcosa,
si finisce per amare tutto.

Il vero amore è come una Malattia,
può portare alle stelle
o portarti alla tristezza.

IL TUO RICORDO

Amare qualcuno
senza vederlo fisicamente ogni giorno,
è la prova che l’amore non è davanti agli occhi,
ma è nel cuore.

Sì, proprio tu che mi parli di lei,
che è andata via per sempre.

Se guardo i tuoi occhi, mi ricordi lei.
Ora che lo sai,
non parlarmi più di lei,
come di chi non potrò mai più rivedere.

Mi manca tanto; mi manca tanto,
vorrei guardare i suoi occhi
ed il suo viso sorridente ed armonioso.
Mi manchi tanto, amore mio.

NOSTALGIA DEL MARE

Finalmente sono giunto al mare
e sento subito da lontano
il fruscio delle onde marine
sbattere contro gli scogli.

Dopo un anno d'attesa,
ho sentito tanto la nostalgia del mare.

Dolce amore,
ti ho conosciuta al mare un anno fa,
ma ti ho sempre pensata ed amata,
senza mai dimenticare
il tuo sguardo dolce ed amoroso
nei miei confronti.

Ricordo ancora il tuo sorriso raggiante,
pieno di felicità ed i tuoi occhi azzurri
come il colore del mare.

Mare, mare,
dolce mare,
mi hai fatto sognare,
sin dal primo incontro con lei.

Grazie mare,
ho sempre amato il tuo profumo marino,
pieno di vita e felicità.

Ricordo ancora l’ultimo bagno di mezzanotte
fatto in San Pietro in Bevagna
al chiaro di luna,
in compagnia della mia amata felicità.
Grazie mare, grazie mare.

SOGNANDO IL MARE

Il mare e le sue onde ricordano un amore,
il suo volto sulla sabbia,
la sua pelle dorata,
la villa sulla collina,
sapore di olive appena colte,
succo d’uva,
la musica da sogno.

Un bacio con le labbra salate;
leggevi un romanzo passionale.

Io aggiustavo le vele
e portati dal vento verso lidi lontani,
i delfini ci salutavano;
una pasta al pomodoro ti bastava.

Il mare, i suoi misteri, i suoi abissi.
Il mare il nostro mare.
Il nostro io le nostre debolezze,
il mare, il tuo sorriso per sempre,
getta l’ancora del desiderio,
il mare, la sabbia ed il sole,
le palme e poi una chiesetta antica,
ci appare un angelo e mi sento in paradiso.
Ciao Mare Ionio.

SEI MIA

Sei molto più di un pensiero.
Sei: un'emozione speciale.

Ti voglio bene.
A volte il silenzio dice
quello che il tuo cuore
non avrebbe mai il coraggio di dire:
amore mio ti amo.

Tienimi per mano al tramonto
quando la luce del giorno si spegne
e l'oscurità fa scivolare il suo drappo di stelle.

Amore tienimi per mano,
portami dove il tempo non esiste.

Tienimi per mano
e non lasciarmi andare mai via da te,
amore mio.

L’AMORE FISICO

L’attrazione fisica è importante
ma non è paragonabile all'intesa mentale,
quando tra due menti
si intona una commistione
tale da riuscire ad essere se stessi,
a comunicare quel che si ha dentro
o semplicemente a godersi il silenzio,
senza imbarazzi,
perché è come sentirsi a casa.

Sapevi che amare qualcuno
senza vederlo fisicamente ogni giorno
è la prova che l’amore non è davanti agli occhi,
ma nel cuore.

VORREI VOLARE

Vorrei volare
per un’ora con le ali degli angeli,
per volare e posare le mie poesie
nei cuori di chi mi ama,
e sarà per me,
come il sogno di Icaro.

Un Angelo m’avvolgerà nei veli
dopo aver recitato sul palcoscenico il mio dramma,
cadrò in ginocchio
all’ultimo atto per dire grazie
con un sorriso.

PENSIERI DI VITA

Non amare chi non vuole essere amato.
Non sottometterti a nessuno
perché vali molto più di quanto
ti hanno fatto credere.

Non aggrapparti a false speranze,
i miracoli non esistono
e il destino è nelle nostre menti,
è fatto di scelte giuste o sbagliate.

Che sia solo tu a guidare la tua vita.

Non giudicare perché non spetta a te farlo.
Non odiare e non portare rancore,
perché a soffrire sarai solo tu.

Allontana chi non è degno di starti accanto
e ricorda,
non permettere a nessuno
di rovinarti la vita.

Difendi i tuoi valori,
i tuoi pensieri, le tue scelte.

Non vivrai due volte.
Abbi fede in te stessa
e vivi la vita come viene.

IL VALORE DELLA PACE

Pensieri nascosti
camminano nella folla.

Un’energia libera occhieggia il mondo
tra le pieghe del mantello dell'umanità:
anime amanti che bramano l’altro,
madri addolorate che piangono,
figli che negano legami del cuore,
odi profondi che accompagnano vite
assetate di vendetta.

I ventagli dell’indifferenza
soffiano sui sentimenti
che navigano alla deriva nei mari della solitudine.

Attraverso questo fiume in piena
mi chiedo il nome di quell’isola lontana,
verso cui tutti facciano vela
pur senza sapere cosa vi sia.

VICINO A TE, SANTO PADRE PIO

Ho vissuto,
lì vicino a te,
Santo Padre Pio,
una profonda indescrivibile emozione.

Mentre ti parlavo,
posando lo sguardo sulla tua tomba,
mi sono sentito spogliato
della mia sofferenza umana
ed ho avvertito una forza misteriosa
trascinarmi in una dimensione,
sospesa tra sogno e realtà,
dove la luce del Signore,
gonfia di splendore,
purificava l'anima mia
rendendola limpida come acqua di sorgente,
leggera come una piuma d'uccello.

Ho ritrovato,
lì vicino a te,
Santo Padre Pio,
le voci, i sussurri, gli odori
ed il gusto delle mie trascorse notti d'estate
consumate in compagnia nei miei anni giovanili.

A presto, San Giovanni Rotondo,
dimora del Santo Padre Pio,
angolo di speranza del Gargano,
fatto di preghiera, di silenzio,

dei dolori del mondo,
di lacerazioni fisiche e morali,
e d’attesa per chi si sente solo e sfiduciato,
per riscoprire la tenerezza di Dio,
insieme ad un rinnovato bisogno di assaporare
l'immenso dono della vita.

Ogni qualvolta mi è difficile lasciarti,
San Giovanni Rotondo,
senza riuscire a trattenere delle grosse lacrime.

UN PENSIERO PER LA MAMMA

Quando ero bambino,
mi sono chiesto tante volte
chi è una mamma.

Ora, da grande,
ho capito il significato di questa parola.

La mamma è
come una goccia d'acqua
che al mattino diventa rugiada,
questa goccia riempie
i torrenti, i fiumi, il mare, la vita.

Quando io ero ammalato,
goccia dopo goccia,
a poco a poco,
mi donava il suo amore
e quando io ero triste,
anche lei era triste,
e quando piangevo,
anche lei piangeva,
ma in silenzio,
di nascosto per non farsi vedere.

Quando io ero felice
lei cambiava il suo volto,
diventando splendente.

Cara “mamma”,
sei la fontana che disseta il mio bisogno d'amore
per farmi crescere in futuro.

Grazie Mamma.

L’UOMO

L’uomo nasce da una donna,
nutrito da una donna,
perché mancargli di rispetto?

Le donne sono la speranza della vita
e l’equilibrio del mondo.

ASPETTANDO IL SANTO NATALE

Mi ricordi la mia infanzia, Natale.
Dolce fanciullezza,
campanelli suonati,
delicata sinfonia,
tutti insieme perché i nostri cuori
ricordino i felici momenti lontani.

Spensierata giovinezza,
tanti inverni nel mio cuore son passati;
sempre a te, Natale, ritorno con giovane spirito,
perché tu possa vivere per sempre,
con stupore da una finestrella guarderò
la prima neve scendere.

Incantato Natale, bambino tornerò e,
con gli stessi occhi ti guarderò.

Mentre il Natale preparerò,
i miei capelli grigio castani splenderanno:
tanti anni son passati,
tutti gli anni ti aspetterò
mio glorioso Natale.

Tanti auguri a tutti.

IO SONO SULLA TERRA

Non si può cambiare il tempo,
tutto è scritto nel destino,
se nasci prima o dopo.

In una calda primavera,
sono venuto al mondo,
senza inganni,
con occhi profondi a guardare la gente.

Molti videro il mio nascere
come se fosse un fatto strano,
venire sulla terra,
mentre si prepara una guerra.

Ignoravo tutto,
di oscuramenti,
di soldati e armi,
di vincitori e vinti,
ero innocente al primo viaggio della vita.

UNA LETTERA SENZA RISPOSTA

Cede il passo l’anziano che sognò
respirando la vita.

Al domani memorie
di chi ricordò la sua voce,
stringendo a sé il cuore nella notte oscura
e nel silenzio prigioniero si tinse l'anima
chiudendo gli occhi del profondo oblio,
senza poter pronunciare la frase d’amore:
“Ciao figlio mio”.

CONSOLAZIONE

Il tempo uguaglia
e non concede indulti
né grazie né condoni
ed al suo scadere
ogni vita ghermisce.

È generoso e nel contempo avido ed ingrato.

È così solo perché riprende
quanto ci aveva prestato…

IN AUTOSTRADA

Nastro grigio bordato,
limiti che intimano i confini;
spesso macchiata di sangue;
sinuosa lungo il percorso,
striata da tratti senza sole.

Nell’intrecciare di svolazzi,
si concede quasi compiaciuta
di lasciarti intravedere l'orizzonte,
quanto la mano dell'uomo
si è prodigata nel degrado.

Nello sforzo,
lo sguardo non perde limitati spazi
ancora di bellezza incontaminata.

Tu partecipe del tutto,
hai apprezzato come a te consono,
l'accanito rincorrere del tempo.

Per le intraviste bellezze,
non puoi goderne,
fermati per una breve sosta;
appresso ti si addossa la morte.

Intanto corri avanti;
stai andando a cercarla.

È MALE

Al solo pensare quel nome, mi sento inorridire
e mio malgrado per un crudele evento,
lo sento pronunziare ogni momento,
in cronache italiane e per televisione,
e quello che ancor più mi fa patire,
a tale innominato viene,
ahimè, concessa,
di quale atrocità, la libertà.

Orrore per l'Italia,
fango sulla Giustizia
e sulle forze armate che vegliano su di noi,
fango sui loro eroi;
È una vergogna che non ha riscontro,
è come trucidar Falcone e Borsellino e la loro scorta.

È una pugnalata a tutti gli italiani,
che sentono da mare, terra e Istituzione,
è perdere dignità
con tutte le Nazioni.
È aperta guerra
a chi ha donato il sangue per un ideale.
È male, è male, è male.

LA MIA SOLITUDINE

Lo spazio intorno si allarga.
Sembra che l'infinito abbia deciso
di ampliare le distanze.

La voce echeggiante gridò,
ora non è più udibile,
le pupille cercano punti di riferimento
per dare un volto alle distanze.

Ma il nulla è sovrano.
La mente partecipa a questo vuoto,
non sa più immaginare, né creare,
è obsoleta.

Cerco nel cuore sentimenti
che mi allacciano agli altri....
ma il vuoto continua.

Quasi vinto,
cerco in un sonno
un attimo di continuità.
Ma è solo un sogno,
in un vuoto senza fine.

LA DANZA

La danza, come la vita,
è ricca di fantasia, piena di armonia
e ha un linguaggio universale,
è un segno di gioia,
che si realizza ogni giorno,
imparando passo a passo
il difficile mestiere del danzatore.

La danza fa parte della nostra vita
ed avvicina ad amare la musica.

INSIEME A TE

Un istante con te è un mare infinito
in cui perdersi, ritrovando il cuore.

È una brezza lieve
che prelude ad un vento sferzante,caldo e potente.

Il sole che sorge è un Istante con te,
è la luce del giorno che si affaccia sincera.

Anche solo un istante dura per sempre
guardando i tuoi occhi,
il mondo è più chiaro se cammino con te
e distanze impossibili diventano brevi.
Lo attendevo un istante con te.

IL RICORDO DI UN TEMPO

La notte è svanita da poco tempo,
il giorno ha illuminato la città di un sole cocente.

Per le vie tanti ragazzi vanno a scuola;
una mamma asciuga una lacrima
dal viso del suo bimbo.

La vita si fonde in lei con desideri per quella lacrima
e quel soffrire che non vedrò più nei miei figli,
perché il tempo è passato troppo in fretta;
preso da nostalgia rimango a guardare in silenzio.

TROVAR LA STRADA DELL’AMORE

Trovar la strada che mi porterà
nel paese dell'amore.
Dove tutti son felici d'esserci.

Incontrar persone
che sappiano dove si trovino,
volenti o nolenti,

che usino gli occhi
per vedere il bello,
oggi raro.

Avere una ragione,
che insegni l'armonia
e viver con quel
che t'offre il mondo.

Cerca la strada
che ti porterà al paese dell’amore

IL SIGNORE RINASCA NEI NOSTRI CUORI

Il Signore ci benedica e ci protegga
e ci accompagni tra noi,
facendo splendere su di noi la sua bellezza
e la fedeltà del suo volto.

Dia pace e letizia ai nostri cuori,
alle nostre famiglie,
a chi lavora e soffre.

Il Signore sia il cuore
e il nostro centro del nostro vivere,
soffrire e amare.

NESSUN AMORE È COME UN ALTRO AMORE

Un amore
è irripetibile
è originale
è senza eguali:
è un amore.

Quello nudo di mare d'estate,
quello tiepido di fuoco d’inverno,
quello intrigante tra l'erbetta d'un campo novello,
quello fugace su d'un letto di folli arrossate.
Nessun amore è come un altro amore.
È solo amore.

LA VOCE DEL SENTIMENTO

La donna che vive, lavora,
e si perde fra mille parole.

La guardo sorridere, allegra,
in mezzo alla gente,
lei vive.

Un giorno, non so quando è stato,
mi ha abbandonato,
mi ha chiuso qui dentro,
per non sentire il lamento del mio dolore,
ed io dibatto da allora,
in questo abisso profondo ed infinito,
IO GRIDO,
ma lei non mi ascolta;
fuori lei vive.

Io prigioniero la guardo,
e vivo per lei,
che ride fra gli altri,
e piango per me,
che sono il suo cuore.

IL TEMPO

Nella costanza dell’essere
vestiamo abiti sempre nuovi,
testimoni distratti del tempo che passa,
interpreti inconsapevoli sul palcoscenico della vita.

Ci trasformiamo nella folla rincorsa di idoli e modelli
nel turbinio vorticoso degli accadimenti.

Maschere dipinte sul volto
ci convincono d’essere altro.

L'AMORE PER LA MAMMA

Non sono importanti l'età,
il colore della pelle, la ricchezza:
la mamma è sempre la mamma.

ASPETTANDO IL SANTO NATALE

Magiche note piovono dal cielo
e soavi si liberano nell'aria divine melodie,
arcani suoni;
delle zampogne il fiato
per le strade evoca sensazioni già vissute,
ricordi dolci di persone amate.

Fredda la notte,
illuminata dalle mille lucette scintillanti,
vetrine in festa,
odori tutt’intorno.

Lieta la gente
di scambiarsi un dono,
di porgersi un dono,
di porgersi un augurio,
un sorriso;
ogni uomo vuole essere più buono.

In ogni casa un albero
addobbato di luci, di colori e di finta neve,
con pendenti al cioccolato,
e poi un presepe.

Questa meraviglia di tenerezza e mistica poesia,
che dona gioia a tutta la famiglia:
il cielo con le stelle,
le montagne,
i pastorelli in fila con gli armenti,

la vecchietta che vende le castagne;
tutti vanno alla grotta dell'evento,
dov’è nato un bambino tutto biondo,
tra noi disceso per salvare il mondo.

Un fiore per la sposa,
un amore,
un violino che suona la più dolce melodia di sguardi,
e fremiti ondeggiano lievi
in veste lucida di rasi e sete
candidi di emozione
come lo stesso cuore di una sposa che,
fata del suo destino,
incede sul tappeto vermiglio della felicità...

Tra le mani tremanti,
il piccolo omaggio alla magica realtà.

Una rosa bianca profuma di un grande amore,
dove solo il suo sposo principe fa di lei,
la favola intensa al battito appassionato
dell'attimo solenne,
mentre insieme,
ancora come timidi fanciulli al primo bacio,
ripetono sinceri le parole sempre infinite:
Ti amo e ti amerò per tutta la vita!

PER UN RAGGIO DI SOLE

Aspetto!
Un raggio di sole in mezzo ai fiori,
che i giorni riempiono,
braccia larghe per il domani,
ora sul sentiero di casa.

Guardo petali di rose creare impronte,
idee…
via via dal campo dimenticate nel vento,
disperse...
di questo tempo,
di questo tempo di nulla contenente.

Un raggio di sole,
un’idea luminosa fantastica nasce...
allo sbocciare di te mio piccolo fiore,
dentro di me, nel mio cuore!

L'AMORE VERO

Quando una persona è veramente nel cuore,
può essere distante da te
anche migliaia di chilometri
o puoi non vederla per tantissimo tempo.

Ma poco conta,
perché lei vive dentro di te.

E se è un amore
non ha occhi per nessun altro,
e se è un amico
gli vorrai sempre bene,
perché ovunque si trovino le persone,
per il cuore non contano le distanze,
ma l'affetto e i sentimenti.

AUGURI DI NATALE

Tanti auguri a chi ha un sogno nel cuore.
Tanti auguri a te che hai un dolore.

Tanti auguri a tutti i bambini,
quelli fragili e quelli più contenti.

Tanti auguri agli amici.
Tanti auguri a chi si sente felice.

Tanti auguri alle persone sole.
Tanti auguri a chi non crede nell'amore.

Tanti auguri agli ammalati
e a tutti coloro che non son più fortunati.

Tanti auguri…
Due piccole parole…

Tanti auguri che vengono dal cuore,
per un Santo Natale di festa,
fuori, ma soprattutto dentro di te...
Auguri!

L'AMORE PER LA DANZA

La danza è l'espressione più dolce che possa esistere,
è quell'espressione leggera
che parte dal cuore e dall'anima
e fluisce nel movimento del corpo.

Non pensate che la danza sia un insieme di passi,
ma è bellezza dell'anima,
che viene dal cuore.

La danza è un pensiero
che in quel momento si concretizza
diventando un desiderio
e poi un bisogno fisico e psicologico.

IL DESTINO DELL’AMORE

L'amore quando nasce è tenero,
come un bimbo in fasce ma,
rapido,
presto s'accresce,
s'allarga, scalpita,
s'espande;
di colpo lo ritrovi grande;
piccolo ieri,
oggi immenso
e adesso tutto cambia senso,
perché hai perso la ragione;
sei cieco, ma ardi di passione per lei,
è tutto il tuo mito,
e tocchi il cielo con un dito
quando ti siede accanto per lei.

È il tuo dolce canto,
il suo nome è la tua canzone
e vibri per l’emozione.

E allora vivi
il tuo stupendo sogno.

È di lei che avevi bisogno.

Sappi che l'amore è una pazzia,
ma per lei,
l'unica padrona del tuo Cuore.
Lei sola è il tuo vero grande amore.

IGNOTA

Ama senza pentimento,
perché amare è un privilegio raro.

Non farti includere nella follia
che tutto debba avere per forza un prezzo.

Non si compra l'amore.
Il suo melodioso canto è per gli eletti
che sanno leggere dentro l'anima.

Carpire ed esaudire i desideri di chi ti sta accanto
senza mai avere pretese,
inutili attese,
che possano rilevarsi pericolosi inganni.

Ama senza limiti senza pudore.
Lascia che i tuoi tremiti,
prendano il giusto sopravvento.

Lasciati trasportare dall'amore e dal suo universo,
in quel cielo terso
dove le stelle ben fiere
scriveranno il tuo nome.

LA PROFONDITÀ DELLO SPIRITO

Una volta che entrate nella profondità del mare.
Tutto è calmo.
Tutto è pace.

L'agitazione,
il rumore e la confusione
sono tutti negli stati esterni.

Nei recessi più remoti del cuore,
c'è una riserva di pace,
nella quale dovete prendere rifugio.

Potete assicurarvi la pace e la gioia
realizzando che esse fanno già parte
della vostra natura.

La vera pace si può trovare
solo nella profondità dello spirito,
nella disciplina della mente
e nella fede,
alla base di tutta questa apparente molteplicità.

Quando avete la pace è come se aveste dell'oro,
col quale potete fare qualsiasi gioiello.

SENZA IL TUO AMORE

Quando quel soffio fugge
e quella vita che amavi scompare,
le tue mani non accarezzano più,
i tuoi occhi non si alzano
e cancellano ogni sguardo…
fiero o pietoso che sia.

Con lui il tuo passo di donna era elegante…sicuro.
In quella notte,
i tuoi sensi erano sconvolti…accarezzati,
e la certezza nel futuro
era grande nei vostri giovani cuori.

I passi felici sulla neve,
voi due stretti ad ascoltare le mille voci del mare,
a rincorrervi per una carezza, un sorriso.

Eravate al centro di tutto…
pur se capaci di appartarvi in un angolo del mondo.

Era il tuo condottiero,
il tuo cavaliere,
era dolce lui,
quando ti leggeva le sue poesie,
piccole miniature di vita incantata,
di fiabe, di storie sempre umane,
quasi per fuggire un triste crescere...
senza una madre, senza calore.

Era dolce allora prendergli la mano,
stringerlo forte a te.
Il tuo uomo
che sapeva fare della vita
il più bel gioco,
l'inizio e non la fine.

Ora non scorgi più vita,
né luci colorate,
né vetrine adornate
e quei passi affondati sulla neve,
prima in coppia...
ora sono solo i tuoi.

Le voci, i richiami…
è triste sentirsi soli in mezzo alla folla.
Ogni gesto è pesante, trascinato senza la sua guida.

E poi l’odio...cecità dell’essere,
infine è meno amara la malinconia,
che apre il cuore ai più dolci ricordi,
ma scopre anche ferite che lasciarono troppi segni.

In questa tempesta l'unico raggio è tuo figlio,
troppo piccino per temere la morte,
per comprendere il tuo pianto soffocato,
il sorriso forzato,
un abbraccio tremolante…

Troppo piccino per scorgere il tuo volto,
non più curato.

Ma è lui il tuo futuro e la tua ancora.
Ti prego donna,
non chiederti perché il male ha rubato il tuo uomo.
Lui combatteva per donare la vita e il sorriso.
Non chiederti perché proprio il tuo uomo…
Sicuramente sapeva ascoltare la voce del cuore.

Tuo figlio chiederà una carezza da suo padre,
gli prenderai la manina e pregherai con lui.

Un giorno saprà
che suo padre era un Maresciallo dei carabinieri
e tu gli sarai accanto.
Forse capirà.

*N.B. La presente poesia è dedicata alla moglie di un Maresciallo dei Carabinieri barbaramente ucciso da terroristi a Nassiriya in data 12.11.2003.

RINGRAZIAMENTI

Ringrazio, in primis:

(in ordine alfabetico)
Simona Adivíncula,
Carla Pugliano,
Clara Viganò
e l'Editore
Nicola Bergamaschi.

Ringrazio, inoltre, tutti i miei amici,
che mi hanno motivato a scrivere questa nuova opera:

IL MIO DESIDERIO POETICO.

L'AUTORE

Giuseppe Piccione nasce a Manduria (Ta), il 13 Novembre 1948 e vive a Arcisate (Va) da circa 20 anni.

Ha iniziato a scrivere poesia all'età di 18 anni.

"IL MIO SOGNO" è il suo primo libro pubblicato.

"IL MIO DESIDERIO POETICO" - (Edizioni WE) è il suo secondo libro.

È **Luogotenente** dei **Carabinieri** (ora in congedo).

È **Presidente** dell'**A.N.C. - Sezione di Como.**

È socio del **Rotary Eclub of Latinoamerica D4195.**

È membro della fellowship **ROTALATINO.**

È cofondatore e membro del direttivo di **ARIAL (Accademia Rotariana Italiana di Arti e lettere).**

Ha tenuto numerose conferenze su problematiche sociali nelle province di Como, Varese e territorio elvetico, unitamente a magistrati e funzionari di Polizia.

Riconoscimenti

30.04.1077

Il Commissario Straordinario del Governo per il Friuli, gli conferisce **"DIPLOMA DI BENEMERENZA CON MEDAGLIA A TESTIMONIANZA DELL'OPERA PRESTATA QUALE VOLONTARIO IN FAVORE DELLA POPOLAZIONE DEL FRIULI COLPITA DAL SISMA DEL 06.06.1976 E 15.09.1976".**

15.07.1985

Il Comandante Legione Carabinieri di Milano, gli conferisce **"ENCOMIO SOLENNE"**, per attività di polizia giudiziaria, che permise l'arresto di 82 persone, nonché la denuncia di 152 persone in stato di libertà.

14.01.1997

Il Signor Presidente della Repubblica Italiana, gli conferiva l'Onorificenza di **"CAVALIERE DELLA REPUBBLICA ITALIANA".**

25.01.2002

Il Signor Presidente della Repubblica Italiana, su proposta del Ministero della Difesa, conferiva allo stesso: **"MEDAGLIA MAURIZIANA".**

06.12.2003

L'Amministrazione comunale di Arcisate (VA) concede allo stesso una **"TARGA IN ARGENTO"** a riconoscimento della pregevole e numerosa attività poetica e letteraria.

03.11.2004

Nella Cattedrale della Repubblica di Malta, veniva insignito, in forma solenne, dell'Onorificenza di **"CAVALIERE DELL'ORDINE DI MALTA"**, tanto di raggiungere il grado di **Commendatore Grande Ufficiale del medesimo Ordine**.

17.09.2006

In Milano, a seguito di concorso, riceve il **Premio poetico Nazionale 2005/2006** con trofeo e targa.

20.09.2008

L'Accademia Bonifaciana Onlus, di Anagni (FR), il presidente del Consiglio Direttivo e il Comitato Scientifico, su segnalazione della Europa Accademia, lo onorava di **"TITOLO ACCADEMICO ONORARIO"**.

07.12.2008

In Roma veniva conferito allo stesso il premio Internazionale **"ERCOLE D'ORO"**.

27.12.2017

Il Signor Presidente della Repubblica Italiana, visto lo Statuto dell'Ordine della Repubblica Italiana, su proposta del Presidente del Consiglio dei Ministri, gli conferiva Onorificenza di **"CAVALIERE UFFICIALE"**.

www.ingramcontent.com/pod-product-compliance
Lightning Source LLC
LaVergne TN
LVHW050559160826
845677LV00011B/2377

* 9 7 9 1 2 5 4 9 7 1 9 7 0 *